Pe. EVALDO CÉSAR, C.Ss.R.

TREZENA EM HONRA A
Santo Antônio

Direção Editorial:	Pe. Fábio Evaristo R. Silva, C.Ss.R.
Coordenação Editorial:	Ana Lúcia de Castro Leite
Copidesque:	Luana Galvão
Revisão:	Sofia Machado
Diagramação e Capa:	Mauricio Pereira

ISBN 978-85-369-0591-4

2ª impressão

Todos os direitos reservados à **EDITORA SANTUÁRIO** – 2020

Rua Padre Claro Monteiro, 342 — 12570-000 — Aparecida-SP
Tel.: 12 3104-2000 — Televendas: 0800 16 00 04
www.editorasantuario.com.br
vendas@editorasantuario.com.br

Rua João Paulo II, s/n - Alto da Bela Vista
Cachoeira Paulista-SP - Cep: 12630-000
Tel.: [55] (12) 3186-2600 E-mail: editora@cancaonova.com
loja.cancaonova.com | Twitter: @editoracn |
Instagram: @editoracancaonova | Facebook:@editcracancaonova

Introdução

"Quem não pode fazer grandes coisas faça ao menos o que estiver na medida de suas forças; certamente não ficará sem recompensa."

Com essas palavras de Santo Antônio, começamos este livro de oração. Talvez uma trezena não seja uma grande ação de amor, mas, se feita com devoção e carinho, será um gesto simples que não ficará sem recompensa.

Nosso Senhor Jesus Cristo insistia que era preciso "rezar sempre sem nunca desanimar" (Lc 18,1). Também São Paulo exortava os primeiros cristãos a "orar sem cessar" (1Ts 5,17). A tradição da Igreja sempre respeitou muito a necessidade da oração na vida do cristão. Jesus rezava, e muito; com ele, aprendemos valiosas lições de como dialogar com o Pai, sobretudo nas horas mais difíceis da vida. Uma das heranças mais lindas que Jesus nos deixou foi a oração do Pai-nosso.

Também aprendemos com o Filho de Deus que a oração, quando se separa da ação, corre o risco de ser somente "conversa fiada". Fé e Vida são coisas inseparáveis, como dois lados de um mesma e preciosa moeda espiritual. O apóstolo Tiago levará essa compreensão ao extremo ao escrever-nos que "a fé sem obras é morta" (Tg 2,17).

Esta trezena, dedicada a Santo Antônio, nasceu como desejo espiritual de unir nossa devoção ao santo português, como gesto concreto de amor que podemos realizar em nosso entorno. Rezar e ser caridoso, louvar a Deus e espalhar misericórdia, agradecer e pedir graças e, ao mesmo tempo, ser um canal de graça aos que mais necessitam: se conseguirmos fazer esta trezena com esse espírito, estaremos muito próximos de Santo Antônio, uma vez que ele mesmo soube unir seu amor incondicional a Deus com o serviço amoroso aos mais pobres.

E como devo fazer a trezena de Santo Antônio?

O costume da tradição pede-nos que façamos a trezena de Santo Antônio desde o primeiro até o dia 13 de junho (festa litúrgica do santo). Entretanto, quero deixar claro que a trezena pode ser feita em qualquer época do ano, em treze dias seguidos, ou mesmo em treze semanas seguidas (por exemplo, 13 terças-feiras) ou, até mesmo, todo dia 13 de cada mês, dia dedicado à memória de Santo Antônio. O importante é você se propor ao compromisso da trezena e realizá-la com o coração agradecido!

Que o Espírito Santo de Deus e a presença da Santíssima Virgem Maria nos acompanhem nesta jornada de 13 dias de oração. A maior de todas as graças nós já alcançamos, que é "estarmos cheios de alegria na presença do Senhor" (Sl 16,11). O que vier a mais será sempre fruto do amor gratuito de Deus por nós!

Breve biografia
de Santo Antônio

Antônio nasceu em terras portuguesas no ano de 1195. Era um legítimo lisboeta. De família muito rica e da nobreza, ingressou muito jovem na Ordem dos Cônegos Regulares de Santo Agostinho. Fez seus estudos filosóficos e teológicos em Coimbra e, lá também, ordenou-se sacerdote. Nesse tempo, ainda estava vivo Francisco de Assis, e os primeiros frades dirigidos por ele chegavam a Portugal.

Empolgado com o estilo de vida e de trabalho dos franciscanos, resolveu também pregar no Marrocos. Entrou nessa Ordem, vestiu o hábito dos franciscanos e foi aí que tomou o nome de Antônio.

Entretanto, seu destino não parecia ser o Marrocos. Por causa de algumas desventuras, Antônio acabou desembarcando na Ilha da Sicília e de lá rumou para Assis, a fim de se encontrar com seu inspirador e fundador da Ordem: Francisco.

Com apenas vinte e seis anos de idade, foi eleito Provincial dos franciscanos do norte da Itália, mas não ficou nessa função por muito tempo. Seu desejo era pregar, por isso rumou pelos caminhos da Itália setentrional, praticando a caridade, catequizando o povo simples, dando assistência espiritual aos enfermos e excluídos e organizando socialmente essas comunidades. Pregava contra as novas formas de corrupção, nascidas do luxo e da avareza dos ricos e poderosos das cidades, onde se disseminaram filosofias heréticas.

Após as pregações da Quaresma de 1231, sentiu-se cansado e esgotado. Precisava de repouso. Resolveram levá-lo para Pádua, mas Antônio faleceu na viagem. Era dia 13 de junho de 1231, e Antônio tinha apenas 36 anos de idade. Assim o santo de Lisboa consagrou-se também como o santo de Pádua. O culto a Santo Antônio espalhou-se rapidamente pelo mundo cristão e sua fama de santidade é ainda hoje a razão da esperança de seus devotos.

Bênção do Pão e Ladainha de Santo Antônio

Bênção do Pão

Senhor, Pai Santo, Deus eterno e Todo-Poderoso, abençoai este pão, pela intercessão de Santo Antônio, que, por sua pregação e exemplo, distribuiu o pão de vossa Palavra a vossos fiéis. Este pão recorde aos que o comerem ou distribuírem com devoção o pão que vosso Filho multiplicou no deserto para a multidão faminta, o Pão Eucarístico, que nos dais todos os dias no mistério da Eucaristia; e fazei que este pão nos lembre do compromisso para com todos os nossos irmãos necessitados de alimento corporal e espiritual. Por Nosso Senhor Jesus Cristo, vosso Filho, pão vivo, que desceu do céu e dá vida e salvação ao mundo, na unidade do Espírito Santo. Amém.

Ladainha de Santo Antônio

Senhor, tende piedade de nós.
Senhor, tende piedade de nós.
Cristo, tende piedade de nós.
Cristo, tende piedade de nós.
Senhor, tende piedade de nós.
Senhor, tende piedade de nós.
Jesus, ouvi-nos.
Jesus, ouvi-nos.
Jesus, atendei-nos.
Jesus, atendei-nos.
Deus pai celestial, tende piedade de nós.
Deus Filho, Redentor do mundo, tende piedade de nós.
Deus Espírito Santo, tende piedade de nós.
Santíssima Trindade, que sois um só Deus, tende piedade de nós.
Santo Antônio de Pádua, rogai por nós.
Santo Antônio, íntimo amigo do Menino Deus,
Santo Antônio, Servo da Mãe Imaculada,
Santo Antônio, fiel Filho de São Francisco,
Santo Antônio, homem da santa oração,
Santo Antônio, amigo da pobreza,
Santo Antônio, lírio de castidade,
Santo Antônio, modelo de obediência,
Santo Antônio, amante da vida oculta,

Santo Antônio, depreciador da glória humana,
Santo Antônio, rosa de caridade,
Santo Antônio, espelho de todas as virtudes,
Santo Antônio, sacerdote segundo o Coração do Altíssimo,
Santo Antônio, imitador dos apóstolos,
Santo Antônio, mártir de desejo,
Santo Antônio, coluna da Igreja,
Santo Antônio, amante cuidadoso das almas,
Santo Antônio, propugnador da fé,
Santo Antônio, doutor da verdade,
Santo Antônio, batalhador contra a falsidade,
Santo Antônio, arca do testamento,
Santo Antônio, trombeta do Evangelho,
Santo Antônio, Apóstolo dos pecadores,
Santo Antônio, extirpador dos crimes,
Santo Antônio, reabilitador dos criminosos,
Santo Antônio, reformador dos procedimentos,
Santo Antônio, conquistador dos Corações,
Santo Antônio, auxílio dos aflitos,
Santo Antônio, terror dos demônios,
Santo Antônio, ressuscitador dos mortos,
Santo Antônio, restituidor das coisas perdidas,
Santo Antônio, glorioso taumaturgo,
Santo Antônio, santo do mundo inteiro,
Santo Antônio, Glória da Ordem dos Menores,

Santo Antônio, alegria da corte celestial,
Santo Antônio, amável patrono nosso,
Cordeiro de Deus, que tirais os pecados do mundo,
perdoai-nos, Senhor.
Cordeiro de Deus, que tirais os pecados do mundo,
escutai-nos, Senhor.
Cordeiro de Deus, que tirais os pecados do mundo,
tende piedade de nós.
Rogai por nós, Santo Antônio de Pádua,
para que sejamos dignos das promessas de Cristo.

Oremos: Alegre, Senhor Deus, tua Igreja com a solenidade votiva de Santo Antônio, confessor e doutor, para que sempre se encontre fortalecida com socorros espirituais e mereça alcançar as alegrias eternas.

1º dia

Santo Antônio, mestre do Evangelho

1. Começando nossa oração

Em nome do Pai, do Filho e do Espírito Santo. Amém!

Seguindo a belíssima tradição de nossa Igreja e em comunhão com os mais pobres e sofredores, começamos nossa trezena de Santo Antônio. Segundo algumas pistas históricas, foi em Bolonha, na Itália, onde nasceu o costume de fazer esta caminhada espiritual ao lado de Santo Antônio. Uma senhora, desejosa de ter filhos e cheia de amor a Deus, teria recebido de Antônio, por meio de um sonho, a tarefa de rezar durante nove terças-feiras diante do altar do santo. Após esse período, ela teria engravidado e alcançado a graça de Deus por meio do santo querido. Com o tempo, pelo fato de Antônio ter falecido no dia 13 de junho de 1231, foram acrescentadas mais algumas semanas; nasceu assim a trezena.

Em um instante de silêncio, apresente você também as intenções pelas quais irá rezar esta santa trezena, nos próximos dias. Se quiser, pode até mesmo anotar em um papel para se lembrar delas.

2. Meditando a Palavra de Deus
Leia com atenção e medite a Palavra de Deus:
"Não só de pão vive o homem, mas de toda a palavra que sai da boca de Deus" (Mt 4,4).

3. Mensagem de Santo Antônio
"São os pobres, os simples, os humildes, que têm fome e sede da palavra da Vida. Repito, meus irmãos, são os pobres, os simples, os humildes, que têm fome e sede da palavra da Vida."

4. Reflexão
O santo dos pobres, seguindo o exemplo de Jesus, sabia que os humildes, pobres e sofredores são os preferidos de Deus, pois, carentes de tudo, encontram em Deus o consolo de suas penas. Ao dedicar-se ao amor pelos mais pobres, Antônio tornou-se testemunha do Evangelho de Jesus, em sua própria vida, e tudo fez para que os pobres fossem respeitados e reabilitados.

5. Oração do dia

Senhor, vossa palavra é o alimento de nosso espírito e a luz em nosso caminho. Abri nosso coração para acolhê-la, nossa mente para entendê-la e motivai nossa vontade para praticá-la. Por intercessão de Santo Antônio, Mestre do Evangelho, fazei que consigamos orientar nossa vida pessoal, familiar e comunitária com a verdade libertadora de vossa palavra. Amém!

6. Reze com confiança

Pai nosso... Ave, Maria... Glória ao Pai...

7. Gesto Concreto

Nossa trezena quer ser também momento de generosidade. Por isso cada dia você será convidado a fazer um gesto concreto de amor.

Neste primeiro dia, sua tarefa é oferecer um quilo de alimento para alguma obra de caridade de sua comunidade (vicentinos, obras sociais etc.).

8. Bênção do Pão e Ladainha
de Santo Antônio *(p. 11)*

9. Bênção final

Que o Senhor abençoe a mim, a minha família e me conceda a perseverança na fé e na caridade. Santo Antônio, interceda sempre a Deus por todos nós, seus devotos. Amém!

2º dia

Santo Antônio, mestre da oração

1. Começando nossa oração

Em nome do Pai, do Filho e do Espírito Santo. Amém!

Querido devoto de Santo Antônio, seguindo a belíssima tradição de nossa Igreja e em comunhão com os mais pobres e sofredores, continuamos nossa trezena. Hoje, rezaremos o segundo dia. Reafirme seu amor a Jesus Cristo e coloque diante dele suas intenções. Que Santo Antônio esteja junto conosco. Você pode pensar nas intenções da trezena ou mesmo anotá-las em algum papel.

2. Meditando a Palavra de Deus

Leia com atenção e medite a Palavra de Deus:

"Tudo o que pedirdes com fé na oração, vós alcançareis" (Mt 21,22).

3. Mensagem de Santo Antônio

"Irmãos, a pessoa reza quando adere a Deus no amor, e, em certo sentido, fala com Deus de maneira familiar e devota. Insisto em vos ensinar: a pessoa reza quando adere a Deus no amor, e, em certo sentido, fala com Deus de maneira familiar e devota."

4. Reflexão

Santo Antônio sabia que o melhor modo de conversar com Deus era por meio da oração sincera, do coração devoto e puro. Pois rezar é conversar abertamente com o Senhor, tendo-o como alguém próximo, que nos ajuda e abençoa, corrige e incentiva. Rezar nada mais é do que ter com Deus uma relação de filhos para com um Pai Amoroso.

5. Oração do dia

Senhor, nós somos necessitados de mais vida e reconhecemos que vós sois a fonte de todos os bens. A vós recorremos na oração para nos mantermos em sintonia convosco. De coração arrependido, pedimos perdão de nossos pecados. De coração agradecido, nós vos louvamos por vossas maravilhas em favor da vida. Com Santo Antônio, mestre da oração, estamos em vossa presença como filhos. Amém!

6. Reze com confiança
Pai nosso... Ave, Maria... Glória ao Pai...

7. Gesto concreto
Visitar um doente (no hospital ou em casa) e rezar um pouquinho com ele.

8. Bênção do Pão e Ladainha
de Santo Antônio *(p. 11)*

9. Bênção final
Que o Senhor abençoe a mim, a minha família e me conceda a perseverança na fé e na caridade. Santo Antônio, interceda sempre a Deus por todos nós, seus devotos. Amém!

3º dia

Santo Antônio, mestre da Verdade

1. Começando nossa oração
Em nome do Pai, do Filho e do Espírito Santo. Amém.

Querido devoto, seguindo a belíssima tradição de nossa Igreja, e em comunhão com os mais pobres e sofredores, continuamos nossa trezena de Santo Antônio. Hoje, rezaremos o terceiro dia. Traga para seu coração bons sentimentos e apresente, diante de Deus, suas intenções. Você pode pensar nas intenções da trezena ou mesmo anotá-las em algum papel.

2. Meditando a Palavra de Deus
Leia com atenção e medite a Palavra de Deus:

"Aquele que pratica a verdade vem para a luz. Torna-se assim claro que as suas obras são feitas em Deus" (Jo 3,21).

3. Mensagem de Santo Antônio

"Caríssimos, a verdade convence, e 'nossa linguagem é penetrante quando nosso agir fala'. Repito, para que guardem no coração, 'nossa linguagem é penetrante quando nosso agir fala'."

4. Reflexão

Antônio sabia muito bem que fé e vida são inseparáveis e que aquilo que pregamos com a vida tem força muito maior do que aquilo que sai somente dos lábios. Que nossas palavras sejam verdadeiras, que fujamos das mentiras e das ciladas da língua e que, sobretudo, façamos de nossos gestos concretos de vida o sinal mais claro de que somos Filhos de Deus e seguimos, com nossas obras, os caminhos do Evangelho de Jesus.

5. Oração do dia

Ó Santo Antônio, homem cheio de sabedoria, que, por meio de vossos ensinamentos, fostes uma luz para a Igreja, iluminai nosso caminho com a verdade do Evangelho e ensinai nossa sociedade a distinguir o bem do mal, para que jamais nos deixemos envolver pelas trevas do erro e da mentira. Por Cristo, na unidade do Espírito Santo. Amém!

6. Reze com confiança
Pai nosso... Ave, Maria... Glória ao Pai...

7. Gesto Concreto
Você é convidado ao exercício da verdade: caso tenha dito alguma mentira, nestes dias, procure corrigi-la e busque não mentir mais.

8. Bênção do Pão e Ladainha de Santo Antônio *(p. 11)*

9. Bênção final
Que o Senhor abençoe a mim, a minha família e me conceda a perseverança na fé e na caridade. Santo Antônio, interceda sempre a Deus por todos nós, seus devotos. Amém!

4º dia

Santo Antônio, modelo de fé

1. Começando nossa oração

Em nome do Pai, do Filho e do Espírito Santo. Amém!

Querido seguidor de Jesus Cristo, seguindo a belíssima tradição de nossa Igreja e em comunhão com os mais pobres e sofredores, continuamos nossa trezena de Santo Antônio. Hoje, rezaremos o quarto dia. Revista-se dos bons sentimentos, da confiança absoluta no Amor de Deus e reze com fé. Apresente diante de Deus suas intenções. Você pode pensar nesses pedidos e agradecimentos ou se preferir anote-os em um pedaço de papel.

2. Meditando a Palavra de Deus

Leia com atenção e medite a Palavra de Deus:

"Os apóstolos disseram ao Senhor: 'Aumenta--nos a fé'! Disse o Senhor: Se tiverdes fé como um grão de mostarda, direis a esta amoreira: arranca-te e transplanta-te no mar, e ela vos obedecerá'" (Lc 17,5-6).

3. Mensagem de Santo Antônio:
"Meus amigos, para o cristão, crer em Deus não significa tanto acreditar que Ele é verdadeiro e fiel; significa sim acreditar amando. Prestem atenção em minhas palavras: crer em Deus não significa tanto acreditar que Ele é verdadeiro e fiel; significa sim acreditar amando."

4. Reflexão
Santo Antônio era totalmente dedicado ao amor aos pobres, pois pela Fé ele via em cada sofredor o rosto de Jesus Cristo. Por isso, sua fé era expressão do amor que tinha pelos mais abandonados, não era uma fé abstrata, ideal, mas uma fé concreta e amorosa. Quando nossa fé consegue nos fazer mais amorosos com os sofredores, estamos demostrando, pela vida, que amamos a Deus sobre todas as coisas.

5. Oração do dia
Senhor, nós vos agradecemos o dom da fé, que nos faz ver, além das aparências, as pessoas e os fatos. Fazei que nos dediquemos, continuamente,

ao crescimento da fé, ao conhecimento de vossa palavra, à oração e à busca sincera da verdade. Que o exemplo de Santo Antônio nos ajude a viver uma fé sincera e corajosa, forte e segura. Por Nosso Senhor Jesus Cristo, na unidade do Espírito Santo. Amém!

6. Reze com confiança
Pai nosso... Ave, Maria... Glória ao Pai...

7. Gesto concreto
Você é convidado a proclamar sua fé em Jesus, fazendo um gesto de caridade para com uma criança carente (um presente, um doce, algum material escolar etc.).

8. Bênção do Pão e Ladainha
de Santo Antônio *(p. 11)*

9. Bênção final
Que o Senhor abençoe a mim, a minha família e me conceda a perseverança na fé e na caridade. Santo Antônio, interceda sempre a Deus por todos nós, seus devotos. Amém!

5º dia

Santo Antônio, modelo de esperança

1. Começando nossa oração

Em nome do Pai, do Filho e do Espírito Santo. Amém!

Seguindo a belíssima tradição de nossa Igreja e em comunhão com os mais pobres e sofredores, continuamos nossa trezena de Santo Antônio. Hoje, rezaremos o quinto dia. As graças de Deus já estão sendo derramadas sobre nós, pois rezar é receber de Deus o que esperamos. Coloque diante do Senhor suas intenções e seus pedidos. Você pode, simplesmente, pensar em tudo o que necessita ou, se achar melhor, pode anotar esses pedidos em um pedaço de papel.

2. Meditando a Palavra de Deus

Leia com atenção e medite a Palavra de Deus:

"A tribulação produz a paciência, a paciência prova a fidelidade e a fidelidade comprovada pro-

duz a esperança. E a esperança não decepciona"
(Rm 5,4-5).

3. Mensagem de Santo Antônio

"Irmãos na fé, a esperança é a expectativa dos bons futuros... Ao desesperado falta a coragem para progredir. Guardem bem estas palavras: a esperança é a expectativa dos bons futuros... Ao desesperado falta a coragem para progredir."

4. Reflexão

Ao cristão não cabe o desespero, mas a esperança em qualquer situação da vida, mesmo nas mais difíceis tribulações. Antônio sabia da força da esperança e convidou todos a dedicar-se, nesta vida, a construir os bens que não passam. Deixemos as atitudes de desespero para trás, peçamos a Deus a força da esperança e sigamos em paz os caminhos da vida.

5. Oração do dia

Senhor, como faz bem ter esperança e cultivar a esperança. Em vós nossas esperanças sempre encontram resposta. E, a cada resposta que vem de vós, nasce uma nova esperança. Nós vos pedimos, Senhor, que nosso coração seja fortalecido pela virtude da esperança e que nosso olhar se fixe lá onde se encontram as verdadeiras e eternas alegrias. Santo Antônio, renovai nossas esperanças em Jesus Cristo, na unidade do Espírito Santo. Amém!

6. Reze com confiança

Pai nosso... Ave, Maria... Glória ao Pai...

7. Gesto concreto

Pensar no *dom da paciência* e pedir a Deus que o conserve paciente, sobretudo, dentro de casa, em seu ambiente familiar.

8. Bênção do Pão e Ladainha de Santo Antônio *(p. 11)*

9. Bênção final

Que o Senhor abençoe a mim, a minha família e me conceda a perseverança na fé e na caridade. Santo Antônio, interceda sempre a Deus por todos nós, seus devotos. Amém!

6º dia

Santo Antônio, modelo de amor

1. Começando nossa oração

Em nome do Pai, do Filho e do Espírito Santo. Amém!

Querido devoto de Santo Antônio, seguindo a belíssima tradição de nossa Igreja e em comunhão com os mais pobres e sofredores, continuamos nossa trezena de Santo Antônio. Hoje, rezaremos o sexto dia. Com o passar dos dias, vamos sentindo o amor de Deus tomar conta de nossa vida. Novamente, reafirmamos nossos pedidos de oração, nossas intenções e depositamos aos pés de nosso padroeiro Antônio. Se quiser, anote esses pedidos e pense neles o dia todo.

2. Meditando a Palavra de Deus

Leia com atenção e medite a Palavra de Deus:

"O meu mandamento é este: amai-vos uns aos outros, assim como eu vos amei. Não existe maior amor do que dar a vida pelos amigos" (Jo 15,13).

3. Mensagem de Santo Antônio

"Amados do Senhor, existe um só amor para com Deus e para com o próximo. Esse é o Espírito Santo, porque Deus é Amor. Vejam bem e guardem no coração: existe um só amor para com Deus e para com o próximo."

4. Reflexão

Antônio bem sabia que é impossível dizer que amamos a Deus se não amamos nossos próximos, especialmente os mais abandonados pela sociedade, que vivem situações de risco e de desprezo: pobres, encarcerados, perdidos pelas ruas, doentes, idosos, órfãos, enfim, todos os pequeninos de Deus. O amor exige nosso olhar para esses pobres de Deus e nosso compromisso com eles. Pense nisso.

5. Oração do dia

Senhor, vós sois amor revelado na Trindade. Por amor nos criastes e por amor nos sustentais. No amor nos salvastes e nos destes o primeiro e o maior de todos os mandamentos. Com Santo Antônio, modelo de amor, possamos nos dedicar a vosso serviço, ajudando os irmãos. Senhor, que vosso amor se torne sempre mais a grande força transformadora do mundo. Por Cristo, na unidade do Espírito Santo. Amém!

6. Reze com confiança
Pai nosso... Ave, Maria... Glória ao Pai...

7. Gesto concreto
Sua tarefa é manifestar o amor de Jesus para algum excluído que viva nas ruas. Prepare uma refeição e ofereça para esse irmão ou essa irmã que vive desamparado(a) e sem ninguém.

8. Bênção do Pão e Ladainha de Santo Antônio *(p. 11)*

9. Bênção final
Que o Senhor abençoe a mim, a minha família e me conceda a perseverança na fé e na caridade. Santo Antônio, interceda sempre a Deus por todos nós, seus devotos. Amém!

7º dia

Santo Antônio e seu amor a Jesus Cristo

1. Começando nossa oração

Em nome do Pai, do Filho e do Espírito Santo. Amém!

Querido discípulo de Jesus Cristo, seguindo a belíssima tradição de nossa Igreja e em comunhão com os mais pobres e sofredores, continuamos nossa trezena de Santo Antônio. Hoje, rezaremos o sétimo dia. Sabemos que Antônio era um grande apaixonado por Jesus, por isso, com suas mercês, podemos também confiar a ele nossos pedidos. Apresente diante de Deus suas necessidades, seja por pensamentos ou mesmo anotando em um pedaço de papel.

2. Meditando a Palavra de Deus

Leia com atenção e medite a Palavra de Deus:

"Jesus Cristo é sempre o mesmo: ontem, hoje e por toda a eternidade. Não vos deixeis desviar por doutrinas estranhas" (Hb 13,8-9).

3. Mensagem de Santo Antônio

"Ele veio para para poderes ir a Ele. Acredita nisto: Ele veio para para poderes ir até Ele."

4. Reflexão

O amor para com Jesus era tão intenso em Antônio que nada existia para ele que não fosse expressão viva desse amor. Jesus era tudo para o santo franciscano. E foi esse amor que Antônio passou adiante com suas palavras e ações. Quando buscamos Jesus com todo coração, Ele nos alcança primeiro e nos redime, perdoa-nos e nos faz felizes.

5. Oração do dia

Senhor, vós revelastes vosso amor, vossa bondade, vosso perdão e vossa imagem em Cristo Jesus. Fazei que possamos reconhecê-lo e amá-lo, segui-lo e indicá-lo sempre a nossos irmãos, pelo exemplo de vida, por nossas boas obras e por nossa palavra. Por intercessão de Santo Antônio, fazei que nossa fé seja sempre mais viva e nossa missão sempre mais corajosa e fiel. Amém!

6. Reze com confiança

Pai nosso... Ave, Maria... Glória ao Pai...

7. Gesto concreto

Buscar fazer a confissão de seus pecados junto a um sacerdote. É muito saudável para a vida espiritual confessar-se com certa regularidade. Não deixe de beber da graça desse sacramento. Feita sua reconciliação, é hora de participar da Santa Missa e comungar agradecido a Deus o perdão recebido.

8. Bênção do Pão e Ladainha de Santo Antônio *(p. 11)*

9. Bênção final

Que o Senhor abençoe a mim, a minha família e me conceda a perseverança na fé e na caridade. Santo Antônio, interceda sempre a Deus por todos nós, seus devotos. Amém!

8º dia

Santo Antônio
e o dom do Espírito Santo

1. Começando nossa oração
Em nome do Pai, do Filho e do Espírito Santo. Amém!

Queridos irmãos, seguindo a belíssima tradição de nossa Igreja e em comunhão com os mais pobres e sofredores, continuamos nossa trezena de Santo Antônio. Hoje, rezaremos o oitavo dia. Que a graça do Espírito Santo de Deus paire sobre nós e nos permita rezar com amor e confiança. Apresentemos a Deus nossas intenções e façamos nossa oração.

2. Meditando a Palavra de Deus
Leia com atenção e medite a Palavra de Deus:
"O Espírito Santo, que o Pai vai enviar em meu nome, ensinar-vos-á todas as coisas e vos lembrará tudo o que eu vos disse" (Jo 14,26).

3. Mensagem de Santo Antônio

"Caros amigos, em contato com o Espírito Santo, a alma vai, pouco a pouco, perdendo suas manchas, sua frieza, sua dureza e transformando--se totalmente naquele fogo aceso. Vejam que linda promessa de amor, em contato com o Espírito Santo, a alma vai, pouco a pouco, perdendo suas manchas, sua frieza, sua dureza e transformando--se totalmente naquele fogo aceso."

4. Reflexão

O Espírito Santo é fonte de todo o bem e de toda a graça. Feliz de quem se entrega ao amor e deixa o Espírito Santo realizar dentro de si a ação transformadora de Deus. O Espírito Santo nos impulsiona ao bem, à caridade, ao amor e à fraternidade. Deixemo-nos aquecer pelo fogo abrasador do amor de Deus.

5. Oração do dia

Ó Deus, vosso Espírito criou do nada todas as coisas; tornou-se a força dos profetas e a coragem dos mártires. Pelo Espírito Santo, vosso Filho foi concebido no seio de Maria e por ele nasceu a Igreja no mundo. Vosso Espírito fez de Antônio o santo de todos os povos e o pregador de vossa Palavra.

Que sua luz nos ilumine sempre e nos transforme, de pecadores que somos, em santos para vossa glória. Amém!

6. Rezemos com confiança
Pai nosso... Ave, Maria... Glória ao Pai...

7. Gesto concreto
Agradecer a Deus seu batismo. Você vai rezar por seus pais e padrinhos e, se possível, recordar o dia em que foi batizado. Caso não se lembre da data, pesquise, pergunte, pois é importante demais saber que dia recebemos o sacramento do Batismo, que nos fez ser cristãos.

8. Bênção do Pão e Ladainha de Santo Antônio *(p. 11)*

9. Bênção final
Que o Senhor abençoe a mim, a minha família e me conceda a perseverança na fé e na caridade. Santo Antônio, interceda sempre a Deus por todos nós, seus devotos. Amém!

9º dia

Santo Antônio e sua devoção a Maria Santíssima

1. Começando nossa oração
Em nome do Pai, do Filho e do Espírito Santo. Amém!

Querido devoto de Santo Antônio e fervoroso amigo de Nossa Senhora, seguindo a belíssima tradição de nossa Igreja e em comunhão com os mais pobres e sofredores, continuamos nossa trezena. Hoje, rezaremos o nono dia e nele vamos recordar o quanto Maria Santíssima é importante em nossa vida de fé. Antônio clamava continuamente as bênçãos de Nossa Senhora. Seremos sábios se também assim procedermos. Coloque aos pés de Jesus e de Maria suas intenções, e, junto com Antônio, rezemos com fé.

2. Meditando a Palavra de Deus
Leia com atenção e medite a Palavra de Deus:
"Maria, tu és feliz porque acreditastes, pois se

hão de cumprir as coisas que da parte do Senhor te foram ditas" (Lc 1,45).

3. Mensagem de Santo Antônio

"O Senhor criou o paraíso terrestre e colocou nele o homem, para que o cultivasse e o guardasse: infelizmente, Adão o cultivou mal. Foi então necessário que Deus plantasse outro paraíso, muitíssimo mais belo: Nossa Senhora. Isso mesmo, meus irmãos, Deus plantou para nós um paraíso muitíssimo mais belo: Nossa Senhora."

4. Reflexão

Não há como entender a grandiosidade de Deus sem passar pelo amor materno de Maria, que, em sua vida, expressou esse amor sendo serva de Deus. Quando amamos Maria, necessariamente estamos louvando Deus, que nela se fez carne. Paraíso maravilhoso, Nossa Senhora, ajudai-nos a caminhar na caridade e no amor pelos mais pobres e abandonados.

5. Oração do dia *(oração de Santo Antônio)*

"Rainha nossa, insigne Mãe de Deus, nós te pedimos: faze com que nossos corações fiquem repletos da graça divina e resplandeçam de alegria celeste. Fortalece-os com tua fortaleza e enrique-ce-os de virtudes. Derrama sobre nós o dom da misericórdia, para que obtenhamos o perdão de nossos pecados. Ajuda-nos a viver de modo a merecer a glória e a felicidade do céu. Amém!"

6. Reze com confiança

Pai nosso... Ave, Maria... Glória ao Pai...

7. Gesto concreto

Em todas as nossas atitudes de fé, sempre é muito bom confiar na intercessão da Mãe de Jesus. Você é convidado a rezar o terço pela paz no mundo e, depois, dar um terço de presente para alguém que você perceba que esteja precisando da força da fé para vencer as dificuldades da vida. Pode ser um *tercinho* simples, mas que seja oferecido de coração.

8. Bênção do Pão e Ladainha de Santo Antônio *(p. 11)*

9. Bênção final

Que o Senhor abençoe a mim, a minha família e me conceda a perseverança na fé e na caridade. Santo Antônio, interceda sempre a Deus por todos nós, seus devotos. Amém!

10º dia

Santo Antônio, homem da Santa Eucaristia

1. Começando nossa oração

Em nome do Pai, do Filho e do Espírito Santo. Amém.

Seguindo a belíssima tradição de nossa Igreja e em comunhão com os mais pobres e sofredores, continuamos nossa trezena de Santo Antônio. Ele buscava na Eucaristia a força diária para suportar as dificuldades e a inspiração divina para suas pregações. Hoje, rezaremos o décimo dia da trezena com os olhos e coração voltados para Jesus Eucarístico. Retome as intenções que você tem colocado nesta trezena e reze com amor e fé.

2. Meditando a Palavra de Deus

Leia com atenção e medite a Palavra de Deus:

"Eu sou o pão da vida: aquele que vem a mim não terá fome, e aquele que crê em mim jamais terá sede" (Jo 6,35).

3. Mensagem de Santo Antônio

"Irmãos, no altar, sob as aparências de pão e de vinho, está presente o próprio Jesus, vivo e glorioso, revestido daquela carne humana, com que outrora ele se ofereceu e ainda hoje continua se oferecendo, todos os dias, como vítima ao divino Pai. Isso é certo, na eucaristia ele se ofereceu e ainda hoje continua se oferecendo todos os dias como vítima ao divino Pai."

4. Reflexão

A Eucaristia, fonte e ápice da Igreja, é sem dúvida a força que nos move para a vida em favor dos irmãos. Somente quando Jesus passa a nos alimentar, temos forças para seguir amando sem medidas e sem medo. Comungar é sentir em nós a força do Ressuscitado, transformar-nos interiormente e, por Ele, fazer o bem a nossos irmãos e nossas irmãs.

5. Oração do dia

Senhor Jesus Cristo, que na Eucaristia nos deixastes o memorial de vossa Páscoa, concedei-nos a graça de que esse mistério de vosso Corpo e de vosso Sangue realize a redenção e transforme nossa vida em uma comunhão sempre mais plena convosco e com os irmãos. Vós que viveis e reinais na unidade do Espírito Santo. Amém!

6. Reze com confiança

Pai nosso... Ave, Maria... Glória ao Pai...

7. Gesto concreto

Sua tarefa espiritual será visitar o Santíssimo Sacramento e fazer, ao menos, meia hora de adoração diante do sacrário. Aproveite para beber dessa fonte de amor, que é Jesus Eucaristia. Se, em sua comunidade, houver a chamada "missa do Santíssimo", participe e faça sua adoração a Jesus.

8. Bênção do Pão e Ladainha
de Santo Antônio *(p. 11)*

9. Bênção final

Que o Senhor abençoe a mim, a minha família e me conceda a perseverança na fé e na caridade. Santo Antônio, interceda sempre a Deus por todos nós, seus devotos. Amém!

11º dia

Santo Antônio e a Cruz Redentora

1. Começando nossa oração

Em nome do Pai, do Filho e do Espírito Santo. Amém!

Querido devoto de Santo Antônio, seguindo a belíssima tradição de nossa Igreja e em comunhão com os mais pobres e sofredores, continuamos. Hoje, rezaremos o décimo primeiro dia. Vamos refletir sobre a realidade da dor e do sofrimento e amparar-nos em Jesus, o Bom Pastor. Recordemos seu chamado de carregar com Ele nossas cruzes e jamais desanimar na hora das dificuldades físicas e espirituais. Coloquemos nossas intenções e, se desejarmos, escrevamos esses pedidos em um pedaço de papel.

2. Meditando a Palavra de Deus

Leia com atenção e medite a Palavra de Deus:

"Quem não toma sua cruz e não me segue não é digno de mim" (Mt 10,38).

3. Mensagem de Santo Antônio

"O Cristão deve apoiar-se na Cruz de Cristo, como o peregrino se apoia no bastão quando empreende uma longa viagem... Dirijamos nossos olhares a Jesus, nosso Senhor, pregado na Cruz da Salvação. Repito: o Cristão deve apoiar-se na Cruz de Cristo, como o peregrino se apoia no bastão quando empreende uma longa viagem."

4. Reflexão

Não há vida cristã sem a cruz. Nela fomos redimidos, e, em nossas cruzes, somos diariamente recordados dessa Redenção. Suportar as cruzes como apoio da fé nos fortalece e nos faz entender que sofrimentos não têm valor em si mesmo, mas, quando colocados diante da Cruz de Cristo, são certamente fonte de transformação e crescimento interior.

5. Oração do dia

Senhor, vosso amor se manifesta de infinitos modos, mas o maior gesto de amor ficou selado na Cruz redentora de vosso Filho. "Ninguém tem maior amor do que aquele que dá a vida pelos seus." Senhor, a Cruz também foi assumida por Santo Antônio e anunciada como o grande sinal da Ressurreição. Dai-nos fé e coragem para tomá-la a cada dia e seguir-vos na doação pelos irmãos. Amém!

6. Reze com confiança
Pai nosso... Ave, Maria... Glória ao Pai...

7. Gesto concreto
Todos temos nossas cruzes, e hoje você será como *Simão Cirineu* – o homem quem ajudou Jesus a carregar a cruz –, na vida de um irmão ou uma irmã que esteja passando por alguma necessidade. Sensibilize seu olhar e veja a seu redor quem está necessitado de alguma coisa (alimento, abraço, uma consulta médica, um conselho etc.). Alivie a cruz de alguém no dia de hoje.

8. Bênção do Pão e Ladainha de Santo Antônio *(p. 11)*

9. Bênção final
Que o Senhor abençoe a mim, a minha família e me conceda a perseverança na fé e na caridade. Santo Antônio, interceda sempre a Deus por todos nós, seus devotos. Amém!

12º dia

Santo Antônio, missionário da Igreja

1. Começando nossa oração

Em nome do Pai, do Filho e do Espírito Santo. Amém!

Seguindo a belíssima tradição de nossa Igreja e em comunhão com os mais pobres e sofredores, continuamos nossa trezena de Santo Antônio. Hoje, rezaremos o décimo segundo dia. Que nossa oração seja sempre missionária, ou seja, não nos feche em nossos próprios medos e sofrimentos, mas nos ajude a levar a Boa-Nova para todos os que precisam conhecer Jesus. Diante de Jesus, o missionário por excelência, depositamos nossos pedidos, incluindo um pedido especial por todos os missionários e todas as missionárias da Igreja, que sabem abandonar-se um pouco de si para que outros tenham vida.

2. Meditando a Palavra de Deus

Leia com atenção e medite a Palavra de Deus:

"Vos sois o sal da terra. Vós sois a luz do mundo. Que vossa luz brilhe diante dos homens para que eles vejam as boas obras e louvem o Pai, que está no céu" (Mt 5,13-16).

3. Mensagem de Santo Antônio

"O fiel Cristão, iluminado pelo resplendor de Cristo, deve emitir centelhas de palavras e exemplos para, com eles, inflamar o próximo. Repito: para que viveis, o fiel Cristão, iluminado pelo resplendor de Cristo, deve emitir centelhas de palavras e exemplos para, com eles, inflamar o próximo."

4. Reflexão

Que adiantaria amar a Deus se guardássemos esse amor somente para nós mesmos? Estaríamos fadados ao egoísmo total, isolados de todos e fechados em nosso próprio mundo. A missão do cristão é espalhar o amor de Deus pelos lugares onde anda, pelos caminhos que percorres, seja na família, no trabalho, na escola, no lazer. A missão é tarefa de todos, todos os dias!

5. Oração do dia

Senhor, vós nos criastes sem nós, mas sem nós não nos salvareis. Como aconteceu com Santo Antônio, fazei que entendamos nossa missão neste mundo, junto a nossa família e nossa comunidade. Que ninguém de nós passe por este mundo na indiferença e na omissão. Com vossa ajuda e a proteção de Santo Antônio, possamos produzir frutos de justiça e de paz, de fraternidade e amor, em Cristo, na unidade do Espírito Santo. Amém!

6. Reze com confiança

Pai nosso... Ave, Maria... Glória ao Pai...

7. Gesto concreto

Sua tarefa será envolver-se com a missão da Igreja de modo prático. Procure sua comunidade e veja se há algo que você possa fazer por ela, assumindo alguma tarefa, a fim de colaborar com o crescimento de nossa Igreja Católica. Caso você já seja agente de alguma pastoral ou movimento, faça uma oferta missionária a mais em seu dízimo deste mês.

8. Bênção do Pão e Ladainha de Santo Antônio *(p. 11)*

9. Bênção final

Que o Senhor abençoe a mim, a minha família e me conceda a perseverança na fé e na caridade. Santo Antônio, interceda sempre a Deus por todos nós, seus devotos. Amém!

13º dia

Santo Antônio e a confiança na Vida Eterna

1. Começando nossa oração

Em nome do Pai, do Filho e do Espírito Santo. Amém.

Querido devoto, encerramos nossa trezena. Foram dias de oração e preces. Em comunhão com Jesus Cristo, aprendemos um pouco mais as lições do amor por meio dos ensinamentos de Santo Antônio. Hoje, rezaremos agradecidos pelas graças derramadas sobre nós nesses últimos dias. E veremos que nossa vocação final é a eternidade em Jesus. Agradeça a Deus sua perseverança nesses treze encontros de fé e entregue a Ele a realização das intenções e dos pedidos pelos quais você rezou. Em tudo, seja feita a vontade de Deus. Ele sabe, melhor do que nós, do que precisamos!

2. Meditando a Palavra de Deus
Leia com atenção e medite a Palavra de Deus:

"Não se perturbe vosso coração. Credes em Deus; crede também em mim. Na casa de meu Pai há muitas moradas. Se não fosse assim, eu vos teria dito; pois eu vou preparar-vos um lugar" (Jo 14,1-2).

3. Mensagem de Santo Antônio
"Então teus olhos serão realmente saciados, porque verás aquele que tudo vê... Então tua alma será realmente uma rainha, ela que agora é uma escrava aqui no exílio; teu corpo ficará repleto de felicidade e tua alma será glorificada. Teu coração dilatar-se-á em uma alegria indescritível. Acredita, meu irmão, teu corpo ficará repleto de felicidade, e tua alma será glorificada."

4. Reflexão
Orando, nesta vida, vamos trilhando os caminhos do Céu. Somos peregrinos, assim nos ensina a Igreja. Pedimos, agradecemos, choramos e sorrimos, mas em tudo mantemos nosso olhar mirando a eternidade, nossa vocação final. Que esta trezena tenha sido um momento de graça e que tudo o que sonhamos no amor se realize pela graça de Deus em nossa vida.

5. Oração

Senhor, Deus da vida, vós nos criastes para vós, e o nosso coração estará inquieto até que em vós repouse. Concedei-nos a graça de caminhar decididos rumo à Pátria celeste para a qual nos dirigimos, sem esquecer o bem que nos cabe realizar nesta vida, para obtermos a vida eterna. Por Nosso Senhor Jesus Cristo, vosso Filho, na unidade do Espírito Santo. Amém!

6. Reze com confiança

Pai nosso... Ave, Maria... Glória ao Pai...

7. Gesto concreto

Esperamos que as tarefas propostas para você ao longo desta trezena tenham sido vividas como complemento amoroso da oração feita aos pés de Santo Antônio. Uma coisa bonita que fizemos todos os dias foi a bênção dos pães. Nada mais simples e mais sagrado do que o pão que nos alimenta. Por isso, seu gesto concreto será comprar uns pães a mais e, depois, doá-los para alguma creche ou outra instituição de sua cidade. Caso não seja possível, você vai doar os pães para alguns de seus vizinhos, dizendo-lhes que junto com o pão de Santo Antônio você oferece a bênção e a paz de Jesus.

8. Bênção do Pão e Ladainha
de Santo Antônio *(p. 11)*

9. Bênção final

Senhor Deus, encerro esta trezena dedicada a Santo Antônio e só tenho de agradecer. Foram treze dias de oração, alegria, perseverança e muita fé. Muitos foram os pedidos feitos, e, de acordo com vossa vontade, espero que sejam ouvidos e atendidos no amor que tenho a vós. Que o Senhor abençoe a mim, a minha família e me conceda a perseverança na fé e na caridade. Santo Antônio, interceda sempre a Deus por todos nós, seus devotos. Amém!

Este livro foi composto com as famílias tipográficas Cantonia, Minion Pro e Segoe e impresso em papel Offset 63g/m² pela **Gráfica Santuário.**